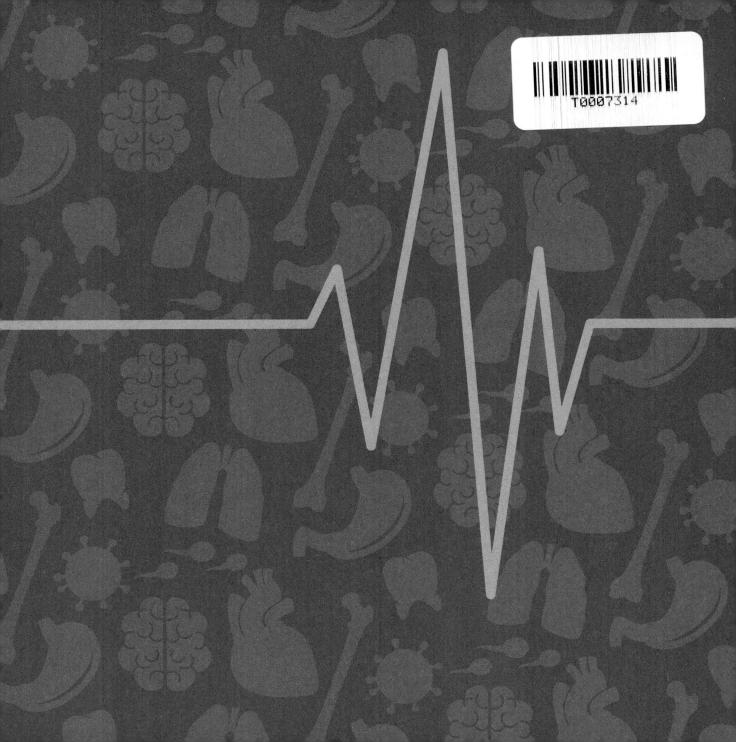

Les gènes

QuébecAmérique

Projet dirigé par Marie-Anne Legault, éditrice

Recherche et rédaction : Katia Vermette
Direction artistique et mise en pages : Marylène Plante-Germain
Couverture : Kan-J, avec un arrière-plan de natrot-508056165 / stock.adobe.com
Illustrations : Kan-J
Révision linguistique : Sabrina Raymond
Assistance éditoriale : Virginie Lessard-Brière
Experte-consultante : Isabelle Picard, enseignante de physiologie humaine
Conseillère pédagogique : Anne Gucciardi

Québec Amérique
7240, rue Saint-Hubert
Montréal (Québec) Canada H2R 2N1
Téléphone : 514 499-3000

Nous reconnaissons l'aide financière du gouvernement du Canada.

Nous remercions le Conseil des arts du Canada de son soutien.
We acknowledge the support of the Canada Council for the Arts.

Nous tenons également à remercier la SODEC pour son appui financier.
Gouvernement du Québec – Programme de crédit d'impôt pour l'édition
de livres – Gestion SODEC.

Canada | Conseil des arts du Canada — Canada Council for the Arts | SODEC Québec

**Catalogage avant publication de Bibliothèque et Archives nationales
du Québec et Bibliothèque et Archives Canada**

Titre : Les gènes.
Autres titres : Gènes (Éditions Québec Amérique)
Description : Mention de collection : Sa[voir]. Le corps humain
Identifiants : Canadiana (livre imprimé) 20230056210 |
Canadiana (livre numérique) 20230056229 | ISBN 9782764451380 |
ISBN 9782764451397 (PDF) | ISBN 9782764451403 (EPUB)
Vedettes-matière : RVM : Gènes—Ouvrages pour la jeunesse. | RVM : Génétique
humaine—Ouvrages pour la jeunesse. | RVMGF : Albums documentaires.
Classification : LCC QH447.G44 2023 | CDD j572.8/6—dc23

Dépôt légal, Bibliothèque et Archives nationales du Québec, 2023
Dépôt légal, Bibliothèque et Archives du Canada, 2023

Crédits photo

p. 7 : photka-50754220 / stock.adobe.com,
   Nikki Frances-1809356284 / shutterstock.com

p. 9 : gopixa-1046584543 / shutterstock.com

p. 13 : Miriam Doerr Martin Frommherz-1349848922 /
   shutterstock.com

p. 14 : Ozgur Coskun-98834939 / shutterstock.com,
   PeopleImages.com - Yuri A-2146084839 /
   shutterstock.com

p. 16 : Bill Roque-1599880318 / shutterstock.com,
   Melissa King-124318060 / shutterstock.com

p. 19 : Cavan-Images-1761239357 / shutterstock.com,
   vasara-645682786 / shutterstock.com

p. 20 : Wilfred Marissen-588861773 / shutterstock.com,
   LABETAA Andre-1082018699 / shutterstock.com

p. 21 : Rawpixel.com-2042173769 / shutterstock.com

p. 22 : D.Bond-618621131 / shutterstock.com

p. 23 : Bernd Schmidt-313680218 / shutterstock.com

p. 25 : RPA Studio-1134847244 / shutterstock.com

p. 26 : Yulia Serova-789130387 / shutterstock.com

p. 28 : vchal-607718810 / shutterstock.com

p. 29 : Elena Sherengovskaya-1592283652 / shutterstock.com,
   oneinchpunch-2111293559 / shutterstock.com

Dans la même collection

Série *L'environnement*
L'air, 2022.
Les forêts, 2021.
Les sols, 2021.
L'eau, 2020.
Les déchets, 2020.

Série *Autour du monde*
La nourriture, 2023.
La musique, 2022.
Les religions, 2021.
Les sports, 2021.

Série *Le corps humain*
Le cerveau, 2022.
La digestion, 2022.

LE CORPS HUMAIN englobe l'ensemble des structures et des organes qui font de toi un être vivant. Les organes font partie d'équipes spécialisées, appelées « appareil » ou « système ». Tous jouent un rôle précis, essentiel au bon fonctionnement du corps.

LES GÈNES constituent le manuel d'instructions de ton organisme. Ils donnent à ton corps des directives qui lui permettent de se construire et de bien fonctionner. Les gènes déterminent aussi tes traits physiques.

Pourquoi les enfants ressemblent-ils souvent à leurs parents ? Les jumeaux ont-ils exactement les mêmes gènes ? Et qu'arrive-t-il lorsqu'un gène se transforme ?

Chaque fois que tu vois un mot en rouge, c'est que sa définition se trouve dans le glossaire à la dernière page !

Table des matières

Mais encore, c'est quoi *les gènes* ?

Les **gènes** contiennent les instructions dont ton corps a besoin pour se construire, grandir et bien fonctionner. Ce sont aussi les gènes qui déterminent tes **caractères physiques** comme la couleur de tes yeux ou la forme de ton nez.

On appelle « **génome** » l'ensemble des gènes d'un être vivant. Ton génome, comme celui des autres humains, contient plus de 20 000 gènes qui composent ta **carte d'identité**. Chaque gène joue un rôle très particulier dans l'organisme. Certains donnent des instructions pour faire grandir tes os, tes muscles, tes poils ou tes ongles. D'autres déterminent la couleur de ta peau ou de tes cheveux.

Où sont tes gènes ?

Les gènes se trouvent dans la **cellule**, la plus petite unité qui constitue tous les êtres vivants. Comme les blocs qui forment un édifice, ton corps est composé de dizaines de milliards de cellules. Chacune d'entre elles contient une copie de ton génome.

Sais-tu que 60 % du génome de la banane est pareil au nôtre ?

Gros plan sur les gènes

1 Ton corps est composé de cellules.

2 Les gènes se situent dans le **noyau de la cellule**, dans de longs brins tortillés appelés «**chromosomes**». Chaque cellule humaine contient 46 chromosomes (23 paires).

3 Le chromosome est composé d'un long brin d'**ADN** enroulé sur lui-même.

4 De près, l'ADN ressemble à un grand escalier en forme de colimaçon. Chaque **gène** est un segment d'ADN qui contient une instruction précise ayant un impact direct sur une caractéristique du corps, comme la forme du visage.

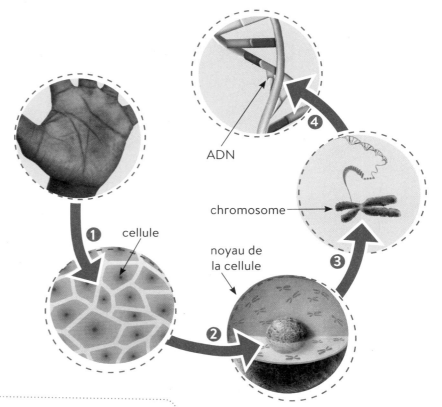

ADN

chromosome

cellule

noyau de la cellule

Si on déroulait les 46 chromosomes d'une seule cellule et qu'on mettait les brins d'ADN bout à bout, ils mesureraient 2 mètres, soit environ la longueur de ton lit.

DES GÈNES ALLUMÉS OU ÉTEINTS

Les gènes fonctionnent un peu comme un interrupteur qui allume et éteint une lumière : seuls ceux qui sont allumés donnent des instructions. Dans une cellule, même si tous les gènes sont présents, seulement certains sont allumés. Les autres sont éteints. Par exemple, l'interrupteur des gènes qui déterminent la couleur des yeux est allumé dans les cellules des yeux, mais éteint dans celles du nez ou des pieds !

L'alphabet des gènes

Pour créer les instructions qui constituent le manuel de ton corps, les **gènes** ont besoin d'un alphabet de seulement quatre lettres : A, T, C et G. On appelle ces lettres des « **bases** » dans la langue des gènes. Les bases s'associent en paires pour former les marches de l'escalier en colimaçon de l'**ADN**.

Chaque gène correspond à une série unique de marches qui forme une sorte de **code secret**, un peu comme les lettres forment des mots et des phrases. Si l'interrupteur d'un gène est activé, la **cellule** décode le code secret, qui devient alors une instruction pour fabriquer des **protéines**.

D'une personne à l'autre, un gène donné a toujours le même rôle, mais peut exister en divers exemplaires (ou versions). Ainsi, il existe trois versions du gène qui détermine le groupe sanguin : A, B ou O.

QUE FONT LES PROTÉINES ?

Dans le corps, les protéines remplissent différentes missions : transporter l'oxygène dans le sang, produire la couleur de tes yeux, de tes cheveux ou de ta peau, défendre ton organisme contre les microbes, etc. Les protéines participent aussi à la création de nouvelles cellules (os, sang, muscles, peau) pour permettre au corps de croître et de se réparer.

Le génome humain enfin décodé

Déchiffrer le **génome** humain est l'un des plus gros projets sur le corps humain jamais entrepris par les scientifiques. Tout commence en 1990, alors que des chercheurs de partout dans le monde unissent leurs efforts pour étudier le génome de l'être humain dans ses moindres détails. Pendant des années, ils tentent de décoder le manuel d'instructions du corps et d'identifier l'emplacement précis de chaque gène sur les 46 longues spirales de l'ADN (**chromosomes**). Leur travail de détective porte ses fruits en 2003, quand la carte complète du génome humain est enfin déchiffrée!

On sait maintenant que le génome des êtres humains se compose de plus de 20 000 gènes et de 3 milliards de marches (paires de bases) qui forment l'escalier en colimaçon de nos chromosomes. Grâce à ces découvertes, nous pouvons mieux comprendre la transmission des caractères génétiques d'une génération à l'autre et l'évolution de l'être humain dans son ensemble.

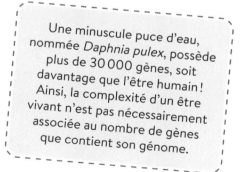

Une minuscule puce d'eau, nommée *Daphnia pulex*, possède plus de 30 000 gènes, soit davantage que l'être humain! Ainsi, la complexité d'un être vivant n'est pas nécessairement associée au nombre de gènes que contient son génome.

D'où viennent tes gènes?

Chacune des **cellules** de ton corps contient dans son noyau 23 paires de **chromosomes**. Dans chaque paire, l'un des chromosomes vient de ta mère et l'autre de ton père. Tes **gènes** proviennent donc de tes deux parents.

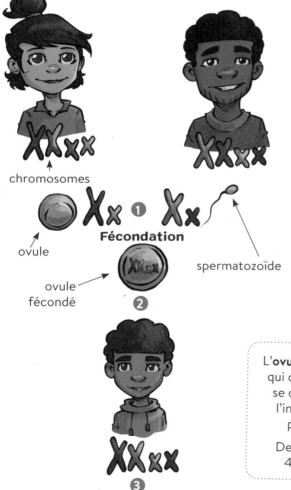

chromosomes

ovule

Fécondation

ovule
fécondé

spermatozoïde

❶ Les **ovules**, qui viennent de la mère, et les **spermatozoïdes**, qui viennent du père, sont les cellules qui servent à la **reproduction** de l'être humain. Contrairement aux autres cellules, elles contiennent seulement la moitié des chromosomes d'une personne, soit un seul de chaque paire. Ce sont en quelque sorte des «demi-cellules».

❷ Lors de la **fécondation**, le spermatozoïde entre dans l'ovule pour former le nouvel être humain.

❸ C'est à ce moment que les chromosomes de l'ovule et ceux du spermatozoïde s'unissent pour créer le **génome** complet du bébé.

L'**ovule fécondé** se divise pour fabriquer les milliards de cellules qui composeront le corps du bébé. Chaque fois qu'une cellule se divise, son génome est copié. Cela permet de fabriquer à l'infini des **copies identiques** du génome, un peu comme le photocopieur peut reproduire sans fin la même image.

De cette manière, chaque cellule reçoit un exemplaire des 46 chromosomes et du manuel d'instructions du corps.

Fille ou garçon ?

Lors de la fécondation, le sexe du bébé est déterminé par la 23e paire de chromosomes, où l'on retrouve les chromosomes sexuels «X» et «Y».

1. Le bébé reçoit un chromosome sexuel de chaque parent (un «X» de la mère, un «X» ou un «Y» du père).

2. Si le bébé reçoit deux chromosomes X, ce sera une fille.

3. S'il reçoit un chromosome X et un Y, ce sera un garçon.

C'est le spermatozoïde du père qui détermine le sexe du bébé. En effet, celui-ci contient soit un chromosome X, soit un chromosome Y, alors que l'ovule de la mère contient toujours un chromosome X.

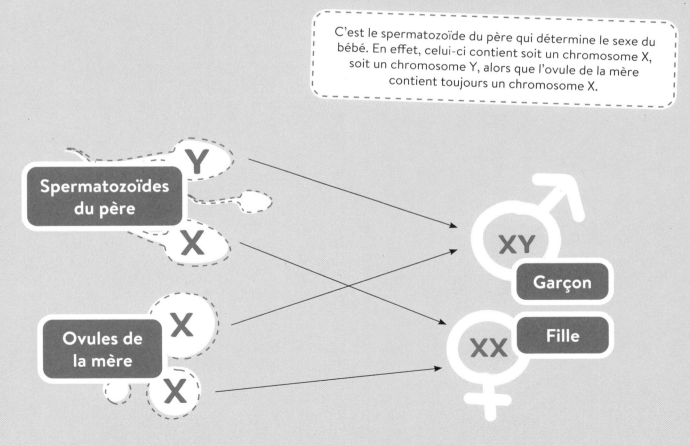

Une question d'hérédité

As-tu déjà remarqué que les mêmes **caractères physiques** pouvaient être observés chez plusieurs personnes au sein d'une famille ? Dans certaines familles, les gens sont grands ou, au contraire, petits. Dans d'autres, les grands-parents, les parents et les enfants ont tous les cheveux blonds. Ces caractères sont déterminés par les **gènes**. On dit qu'ils sont **héréditaires**, c'est-à-dire qu'ils se transmettent de génération en génération.

On appelle « **hérédité** » la transmission des caractères particuliers des parents à leur enfant.

UNE CARTE D'IDENTITÉ UNIQUE

Chaque gène se retrouve en deux exemplaires dans ton **génome**, l'un venant de ta mère et l'autre de ton père. Chaque exemplaire d'un gène s'appelle un « **allèle** ». Comme pour un ensemble de crayons qui servent tous à écrire, les différents allèles d'un gène jouent le même rôle, par exemple attribuer une texture aux cheveux. Le code qui détermine cette texture peut toutefois varier (cheveux bouclés ou lisses).

Parfois, tes parents te transmettent le même allèle pour un gène. Dans ce cas, les deux exemplaires du gène produisent la même instruction (cheveux lisses, par exemple). Parfois, ces allèles donnent des instructions différentes (cheveux lisses et cheveux bouclés). Cette combinaison d'allèles héritée de tes parents détermine tes traits et fait de toi une personne unique.

cheveux lisses

cheveux bouclés

Le mystère de la couleur des yeux

La couleur de tes yeux, comme celle de tes cheveux ou de ta peau, dépend de plusieurs gènes et des exemplaires d'allèles que t'ont transmis tes parents pour ces gènes. Mais attention ! Tous les allèles ne sont pas égaux ! Certains sont plus puissants que d'autres. Ce sont les **allèles dominants**. La couleur brune des yeux, par exemple, est souvent associée à l'allèle dominant « yeux foncés » (**F**). Si un seul des parents transmet l'allèle **F** à son enfant, celui-ci aura fort probablement les yeux foncés, peu importe la version du deuxième allèle de ce gène.

Les **allèles récessifs** sont beaucoup moins puissants. Pour que leur caractère soit observé, les deux parents doivent transmettre le même allèle à leur enfant. Les yeux bleus ou verts sont souvent associés à l'allèle récessif « yeux pâles » (**p**). Si tu as les yeux pâles, c'est que tes deux parents t'ont transmis l'allèle **p**.

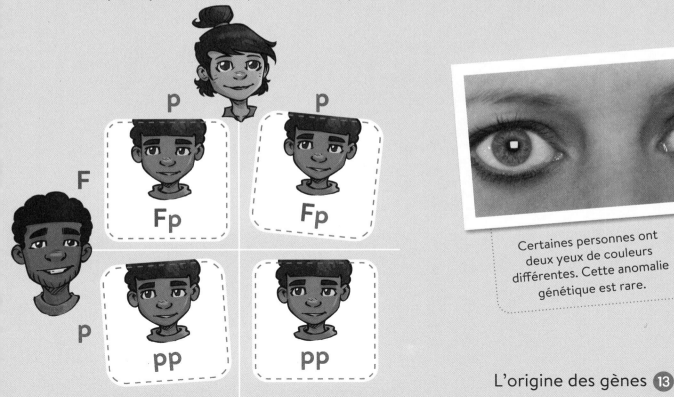

Certaines personnes ont deux yeux de couleurs différentes. Cette anomalie génétique est rare.

L'origine des gènes 13

Des caractères surprenants

Certains **gènes** ont de curieux effets, c'est le moins que l'on puisse dire...

Peux-tu rouler ta langue ?

Contrairement à ce qu'on pourrait penser, la capacité à rouler sa langue pour former un tube ne s'acquiert pas avec de la pratique. Elle s'inscrit plutôt dans tes gènes. En fait, elle est associée à un **allèle** transmis par un de tes parents (ou les deux).

Un atchoum génétique !

Certaines personnes se mettent à éternuer de manière incontrôlable lorsqu'elles voient soudainement une lumière vive comme celle du Soleil. Il s'agit d'un caractère **héréditaire** transmis par au moins un des parents.

Il existe un allèle associé au dégoût du brocoli! En fait, ce gène produit des papilles gustatives très sensibles au goût amer de ce légume. Si tu détestes le brocoli, c'est peut-être génétique !

Un peu d'histoire

Gregor Mendel (1822 – 1884) était un moine passionné de jardinage et de sciences. Dans le jardin de son monastère à Brno (Tchéquie), Mendel cultivait des petits pois. Pour obtenir de nouvelles variétés, il s'amusait à croiser (réunir) des plants aux caractères différents pour les reproduire.

Il croisa un jour des plants à pois verts avec d'autres à pois jaunes. Il s'attendait logiquement à obtenir un mélange presque égal de plantules (bébés plants) à pois jaunes et à pois verts. Mais, quelques semaines plus tard, quelle ne fut pas sa surprise de voir uniquement des plants à pois jaunes ! Où étaient donc passés les plants à pois verts ?

En fait, la couleur verte des pois n'était pas disparue, mais seulement cachée, car il s'agissait d'un caractère récessif (donc moins puissant). Celui-ci réapparaissait chez la génération suivante de plants. Le moine jardinier venait de faire une découverte qui allait révolutionner la **génétique** : celle de l'**hérédité** et de la transmission de caractères **dominants** ou **récessifs** d'une génération à l'autre !

Grâce à ses expériences sur les petits pois, on considère aujourd'hui Gregor Mendel comme le père de la génétique.

Tous différents

Tous les humains ont le même nombre de **gènes** qui composent le manuel d'instructions de leur corps. Pourtant, chacun est différent, puisque chacun possède une combinaison unique d'**allèles** sur certains gènes. Mais qu'en est-il des jumeaux? Ont-ils les mêmes gènes? Tout dépend du type de jumeaux...

Les **jumeaux identiques** viennent du même ovule fécondé qui s'est séparé dans le ventre de la mère pour donner deux bébés. Puisqu'ils sont issus du même ovule et du même spermatozoïde, ces jumeaux ont des versions d'allèles identiques pour tous leurs gènes et sont du même sexe.

Les **faux jumeaux** grandissent ensemble dans le ventre de leur mère, mais ils proviennent d'ovules et de spermatozoïdes différents. Leur **génome** est donc semblable, sans être identique. Comme n'importe quels frères et sœurs, les faux jumeaux ont des airs de famille et peuvent être de sexe différent!

Les jumeaux identiques sont difficiles à différencier parce que leur manuel d'instructions est le même. Toutefois, si ces jumeaux adoptent des habitudes de vie distinctes, celles-ci peuvent avoir une influence sur leurs gènes. C'est pourquoi on peut percevoir de petites différences, par exemple la taille!

Des gènes influençables

Sais-tu que l'**environnement** dans lequel tu vis et ton **mode de vie** peuvent allumer ou éteindre l'interrupteur de tes gènes ? Ainsi, l'alimentation, le stress, l'exercice physique et la présence de polluants dans l'environnement peuvent exercer une influence positive ou négative sur certains gènes. Par exemple, si tu manges chaque jour de bons aliments et que tu fais de l'exercice, l'interrupteur des gènes qui combattent certaines maladies s'allume. Au contraire, si tu manges toujours de la malbouffe et que tu ne bouges pas, l'interrupteur de ces mêmes gènes s'éteint et tu risques de tomber malade.

DES JUMEAUX ASTRONAUTES

En 2015, l'astronaute **Scott Kelly** a passé un an dans l'espace, alors que son jumeau identique, Mark, est resté sur la Terre. Lors de son retour sur la planète, Scott avait changé. Par exemple, il était devenu plus grand que Mark. Que s'était-il passé ? L'environnement différent de l'espace avait modifié le corps de l'astronaute et avait fait en sorte d'allumer ou d'éteindre l'interrupteur de plusieurs gènes de son génome. C'est pourquoi il était revenu sur la Terre un peu différent, même s'il avait toujours les mêmes gènes que son frère.

Les gènes évoluent-ils?

Les **gènes** changent avec le temps. C'est pourquoi l'être humain d'aujourd'hui est différent de ses ancêtres.

Une histoire de mutations

Tes **cellules** se divisent et se multiplient sans cesse pour fabriquer tes os, tes muscles, ta peau... Chaque fois, le **génome** est copié pour produire des exemplaires identiques du manuel d'instructions. Mais parfois, une erreur appelée «**mutation**» se glisse lors de la copie d'un gène. Une mutation, c'est comme si tu copiais une phrase en inversant ou en oubliant des lettres, et que ces erreurs transformaient le sens de la phrase. Par exemple si tu remplaces la lettre «e» par la lettre «a» dans le mot «tente», tu changes le sens de la phrase!

LES MUTATIONS À L'ORIGINE DE L'ÉVOLUTION

Pour éviter le développement d'une **anomalie**, la plupart des mutations sont aussitôt réparées par la cellule et passent inaperçues. Mais il arrive qu'une mutation demeure et qu'elle donne même à l'individu un nouveau caractère qui l'aide à mieux s'adapter à son environnement. Ce trait gagnant a alors tendance à se transmettre plus facilement d'une génération à l'autre, ce qui favorise l'évolution des gènes... et des espèces.

Des girafes au long cou

Dans le monde animal, il existe une multitude d'exemples où les gènes d'une espèce ont subi des mutations qui leur ont permis de mieux **survivre** dans leur environnement. Les girafes, par exemple, n'ont pas toujours été si grandes. Avec le temps, les gènes de la girafe ont évolué. Ceux leur donnant un cou plus long ont été transmis de génération en génération, ce qui leur a permis d'atteindre plus facilement le feuillage des arbres pour se nourrir.

Les girafes se nourrissent de feuilles d'acacia, un arbre qui peut atteindre plusieurs mètres de haut.

Une peau foncée pour se protéger du soleil

La couleur de la peau des humains est déterminée par des gènes qui fabriquent la **mélanine**. Cette **protéine** donne la couleur à ta peau et la protège des rayons ultraviolets (UV) du soleil. Plus la peau produit de mélanine, plus elle est foncée et plus elle est protégée des rayons UV.

Pour les populations qui habitent les zones les plus ensoleillées du monde, la peau foncée constitue un trait gagnant qui les protège du soleil et qui se transmet d'une génération à l'autre. Les populations originaires de régions beaucoup moins ensoleillées, comme l'Europe du Nord, ont à l'inverse une peau pâle.

Un peu d'histoire

Il y a près de 200 ans, un scientifique anglais du nom de **Charles Darwin** (1809 – 1882) explore les beautés des îles Galapagos pour y observer la grande variété d'animaux qui s'y trouvent. Parmi les espèces, un oiseau attire son attention : le pinson. « Étrange ! se dit-il. Je vois des pinsons sur toutes les îles, mais la forme de leur bec est différente d'une île à l'autre. Ici, leur bec est long et pointu pour mieux percer les fruits des cactus. Là-bas, leur bec est court pour les aider à prendre les graines au sol. Oh ! Que c'est intéressant ! »

Darwin conclut que les diverses espèces de pinsons ont évolué au fil du temps, de génération en génération, leur permettant de mieux s'adapter à leur habitat. Les traits gagnants pour l'espèce (bec long ou court) avaient donc été transmis d'une génération à l'autre sur une même île. C'était la naissance de ce que l'on connaît aujourd'hui comme la « **théorie de l'évolution** » !

Quand les mutations s'en mêlent

Même si les **mutations** peuvent contribuer à l'évolution d'une espèce, elles peuvent aussi empêcher le corps de fonctionner normalement. Ainsi, au lieu d'offrir un avantage, elles provoquent plutôt des maladies, ou des « **anomalies** ».

Des anomalies héréditaires

Les mutations à l'origine de ces traits particuliers se transmettent d'une génération à l'autre. Dans certains cas, la transmission d'un seul exemplaire du **gène** défectueux venant de la mère ou du père est suffisante pour causer l'anomalie. Dans d'autres cas, deux exemplaires identiques du gène défectueux (l'un venant du père, l'autre de la mère) sont nécessaires pour que l'anomalie apparaisse. C'est le cas de l'albinisme.

L'**albinisme** est une anomalie génétique qui fait en sorte que le corps ne produit aucun pigment de mélanine. Les personnes albinos naissent donc avec une peau très pâle et des cheveux blancs. Elles sont très sensibles aux brûlures du soleil.

Le **daltonisme** est une anomalie des gènes des yeux qui empêche la personne de distinguer certaines couleurs comme le rouge et le vert. C'est une anomalie courante, mais sans gravité.

L'environnement qui fait des siennes

Sais-tu que l'environnement dans lequel tu vis peut modifier tes **gènes** ou encore allumer ou éteindre leur interrupteur?

Profiter du soleil, mais pas trop...

Qu'il est bon de profiter de la chaleur du soleil! Mais attention à ses rayons, plus particulièrement aux **rayons UV**! Bien qu'ils ne soient pas visibles, ces rayons peuvent brûler la peau et provoquer des coups de soleil très douloureux. Ils peuvent aussi causer des **mutations** dans certains gènes de l'**ADN** des **cellules** de la peau et augmenter le risque de développer un cancer. Les personnes à la peau très pâle qui produisent peu de **mélanine** de même que celles qui passent beaucoup de temps au soleil sont particulièrement sensibles aux effets néfastes des rayons UV.

Des gènes diversifiés... pour une espèce en santé

On appelle « **diversité génétique** » les nombreuses versions de gènes (divers **allèles**) qui existent chez une espèce. Grâce à cette diversité, l'espèce s'adapte plus facilement aux changements dans son environnement (maladies, pollution, catastrophes naturelles).

Au contraire, le manque de diversité génétique multiplie le risque de maladies, ce qu'on peut observer chez les chiens de race. Lorsqu'on croise ensemble des chiens d'une même race, le manque de diversité dans leurs gènes fait en sorte que leurs caractéristiques physiques et leurs anomalies génétiques sont transmises aux petits.

LES PROBLÈMES RESPIRATOIRES DU CHIEN CARLIN

Le carlin est un **chien de race** au nez très plat qui le fait ronfler et souffrir de problèmes respiratoires. Par manque de diversité génétique, l'allèle du nez plat du carlin se transmet de génération en génération. Mais si on le croise avec une autre race de chien au nez allongé, on ajoute de nouveaux allèles pour le gène de la forme du nez, ce qui augmente la diversité. Les chiots issus de ce croisement auront donc plus de chances d'avoir un nez allongé et moins de difficulté à respirer.

Prendre soin de ton corps

Ton **mode de vie** et l'**environnement** dans lequel tu te trouves peuvent activer ou éteindre l'interrupteur de certains **gènes**. Puisque les gènes donnent à ton corps les instructions dont il a besoin pour bien fonctionner, tu dois en prendre soin en adoptant de saines habitudes de vie!

Choisis de bons aliments

Pour des gènes en bonne santé, mange chaque jour des fruits et des légumes frais, des aliments protéinés (légumineuses, poissons, noix, etc.) et des produits céréaliers à grains entiers (pain, pâtes, céréales, etc.). Pense aussi à limiter ta consommation de sucre (chocolats, bonbons, desserts) et de **malbouffe** (frites, croustilles, aliments panés), qui exercent une mauvaise influence sur les gènes.

Prends le temps de relaxer

Un peu comme la pollution et la malbouffe, le **stress** peut avoir un impact négatif sur tes gènes. Si tu ressens du stress, prends le temps de bien respirer et de te calmer. Pense à faire une activité qui te fait du bien, par exemple lire un livre ou marcher en forêt. Peut-être même un peu de yoga!

Protège ta peau des rayons UV

Les **rayons UV** peuvent brûler ta peau et causer des **mutations** dans tes gènes, ce qui augmente le risque de développer un cancer de la peau. Quand tu t'exposes aux rayons du soleil, pense à protéger ta peau en appliquant un écran solaire, à porter des lunettes de soleil et un chapeau. Tu peux aussi chercher l'ombre lors des périodes très ensoleillées… surtout si tu as une peau sensible !

Voici en résumé quelques trucs pour garder tes gènes en bonne santé :

- **Mange** chaque jour de bons aliments (comme des fruits et des légumes frais) et évite la malbouffe le plus souvent possible.
- **Pratique** des activités qui te détendent lorsque tu ressens du stress.
- **Protège** ta peau quand tu t'exposes aux rayons UV.
- **Évite** les polluants qui perturbent tes gènes.

Se tourner vers l'avenir

Les progrès de la science ont permis à l'être humain de découvrir quelques-uns des nombreux secrets de son **génome**, mais aussi d'en apprendre plus sur ses ancêtres et sur l'ensemble du monde vivant. Ainsi, les scientifiques peuvent maintenant séquencer l'**ADN**, c'est-à-dire décoder l'enchaînement complet des bases que contient le génome d'un être vivant. Grâce au **séquençage** de l'ADN, nous en connaissons maintenant davantage sur l'histoire des êtres vivants en général, de l'humain en particulier, et de chaque individu. Que nous réserve l'avenir de la **génétique** ?

Qui sont nos ancêtres ?

On sait aujourd'hui grâce à l'étude de notre ADN que nos lointains ancêtres humains sont originaires d'Afrique et qu'ils se sont dispersés au fil du temps sur tous les continents. On sait aussi que notre génome contient toujours des **gènes** de **Néandertalien**. Cet humain préhistorique n'a donc pas tout à fait disparu !

Le Néandertalien, aussi appelé « homme de Néandertal », a vécu en Asie et en Europe pendant des milliers d'années avant de disparaître il y a environ 40 000 ans.

Des liens de parenté entre les espèces

La génétique permet de comprendre l'**évolution** des êtres vivants. Sais-tu que la baleine et l'hippopotame auraient probablement un ancêtre commun ? Il s'agit d'un mammifère préhistorique ressemblant à un cochon qui aurait vécu un peu partout sur la planète il y a très longtemps. Les scientifiques ont pu établir le lien de parenté grâce à l'analyse de l'ADN d'un **fossile** vieux de 28 millions d'années.

Les ancêtres des baleines vivaient sur la terre ferme. Avec le temps, leurs pattes sont progressivement devenues des nageoires et leurs narines des évents, permettant ainsi à ces animaux de s'adapter à un environnement marin.

Résoudre des énigmes grâce à l'ADN

On appelle « **empreinte génétique** » la séquence d'ADN qui te caractérise. Tout comme les empreintes digitales sont différentes d'une personne à l'autre, chaque individu a une séquence d'ADN unique. Les empreintes génétiques sont parfois très utiles aux policiers. Sur une scène de crime, un simple cheveu ou un échantillon de salive peut permettre d'identifier le coupable.

Corriger les erreurs de copie

Et s'il était possible de corriger des **mutations** de l'**ADN**, ou encore d'éteindre ou d'allumer l'interrupteur de certains **gènes** pour prévenir ou guérir des maladies ? Des scientifiques étudient actuellement la question grâce à ce que l'on appelle des « **ciseaux génétiques** ».

En gros, le ciseau génétique est une molécule capable de reconnaître avec une grande précision un gène ou une séquence d'ADN dans le noyau d'une **cellule**. Le ciseau coupe alors l'ADN à cet endroit. Il serait ainsi possible d'éteindre ou d'allumer l'interrupteur d'un gène, ou encore de remplacer un gène défectueux par une copie saine du même gène.

Grâce aux ciseaux génétiques, les chercheurs espèrent un jour guérir des maladies pour lesquelles il n'existe aucun traitement. Mais pour le moment, la technique est toujours en phase de recherche.

Une seule espèce d'êtres humains

Les 8 milliards de personnes qui peuplent aujourd'hui le monde descendent tous d'un même petit groupe d'humains qui aurait vécu en Afrique il y a très longtemps. Puis nos ancêtres ont commencé à se disperser sur l'ensemble de la planète. Selon l'endroit où ils se sont établis, les êtres humains ont pu s'adapter à leur nouvel environnement. Leur corps et leurs gènes ont évolué en conséquence. C'est pourquoi il existe aujourd'hui une si grande variété d'individus.

Si tu as les yeux bleus et les cheveux roux, tu fais partie d'un groupe peu commun d'êtres humains, puisque cette combinaison de traits physiques est la plus rare de toutes !

Parfois, une seule mutation dans un seul gène suffit à modifier un trait physique. C'est le cas pour un des gènes qui déterminent la couleur de la peau. Le changement d'une base (un G pour un A) a donné aux Européens une peau pâle comparativement à leurs ancêtres à la peau foncée. Mais, même différents, nous faisons tous partie d'une seule espèce : l'*Homo sapiens*, ou la grande famille des êtres humains !

Activités

1. Associe chaque animal au fait étonnant qui lui correspond.

a) Dans son **génome** se trouve un **gène** qui le protège du cancer.

b) Son ancêtre direct est le loup.

c) Son génome peut contenir jusqu'à 92 **chromosomes**, soit le double de celui de l'être humain.

d) Cet animal est capable de remplacer lui-même des gènes sur son **ADN**, un peu comme le font les ciseaux génétiques.

e) Cet animal a le même ancêtre que la baleine, même s'il ne lui ressemble pas du tout.

f) Environ 98 % de son génome est pareil à celui de l'être humain.

g) Ce minuscule organisme a un génome qui contient beaucoup plus de gènes que l'être humain, soit près de 40 000.

h) L'évolution de ses gènes a donné à son pelage une couleur particulière, qui lui permet de se fondre parfaitement dans son environnement.

pieuvre

yorkshire-terrier

paramécie

hippopotame

chimpanzé

éléphant

crevette

ours polaire

2. Qui suis-je ?

a) D'un jaune éclatant et de forme allongée, je ne ressemble en rien à l'être humain, même si nous avons en commun 60 % de nos gènes.

b) Grâce à un moine jardinier qui prenait plaisir à me cultiver, j'ai participé à l'avancement de la science.

c) J'ai disparu de la surface de la Terre il y a environ 40 000 ans, mais une petite partie de moi pourrait encore se trouver dans ton ADN.

d) Je suis une erreur de copie qui peut entraîner une anomalie... ou permettre à une espèce de mieux s'adapter à son environnement.

e) Je suis si petit qu'on ne peut me voir qu'au microscope. Pourtant, si on me déroulait, je serais aussi long que ton lit.

f) Je cause la présence de cheveux blancs, même chez les enfants.

g) Nous sommes deux personnes différentes, mais avons le même ADN.

h) Nous coupons et redécoupons l'ADN avec une très grande précision.

3. Identifie les caractéristiques que tu possèdes.

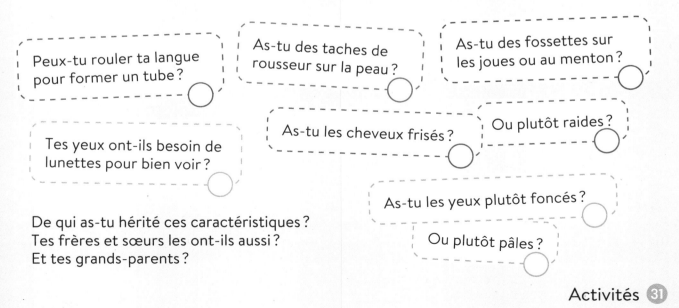

Peux-tu rouler ta langue pour former un tube ?

As-tu des taches de rousseur sur la peau ?

As-tu des fossettes sur les joues ou au menton ?

As-tu les cheveux frisés ?

Ou plutôt raides ?

Tes yeux ont-ils besoin de lunettes pour bien voir ?

As-tu les yeux plutôt foncés ?

Ou plutôt pâles ?

De qui as-tu hérité ces caractéristiques ?
Tes frères et sœurs les ont-ils aussi ?
Et tes grands-parents ?

Glossaire

ADN (acide désoxyribonucléique) :
Longue molécule en spirale qui forme les chromosomes et qui contient tous les gènes d'un individu. Chaque cellule du corps contient dans son noyau une copie de l'ADN.

Allèle : Exemplaire d'un gène qui détermine un caractère particulier (texture des cheveux, forme du nez, etc.). Il peut exister différents allèles, ou exemplaires, pour un même gène (cheveux lisses, bouclés...).

Cellule : Plus petit élément qui constitue un être vivant. Les cellules forment les organes, les appareils et les systèmes du corps, comme les blocs d'un édifice.

Chromosome : Long brin d'ADN qui contient une partie des gènes d'un être vivant.

Gène : Segment d'ADN qui donne une instruction précise à la cellule.

Génétique : Science qui étudie l'ADN et les gènes, ainsi que la transmission des caractères d'une génération à l'autre.

Génome : Ensemble des gènes (ou « manuel d'instructions ») d'un être vivant. Chaque cellule du corps contient une copie du génome.

Héréditaire : Se dit d'une caractéristique qui est transmise par les gènes de génération en génération, soit des parents à leur enfant (traits physiques, anomalies génétiques, etc.).

Mutation : Erreur qui se glisse lors de la copie d'un gène.

Protéine : Molécule fabriquée par la cellule en suivant l'instruction d'un gène. Dans le corps, il existe de nombreuses protéines qui jouent différents rôles : déterminer un trait physique, transporter l'oxygène dans le sang, défendre l'organisme contre les microbes, etc.

Réponses aux activités

Faits étonnants : a – éléphant ; b – yorkshire-terrier ; c – crevette ; d – pieuvre ; e – hippopotame ; f – chimpanzé ; g – paramécie ; h – ours polaire

Qui suis-je ? : a – banane ; b – petit pois ; c – Néandertalien ; d – mutation ; e – ADN d'une cellule ; f – albinisme ; g – jumeaux identiques ; h – ciseaux génétiques

Les gènes a été achevé d'imprimer en juillet 2023 sur
les presses de l'imprimerie Transcontinental, au Québec, Canada,
pour le compte des Éditions Québec Amérique.